THE Golden Tarot

THE VISCONTI-SFORZA DECK

黃金塔羅牌：維斯康提經典復刻牌組

瑪麗・帕卡德（MARY PACKARD）　著

喬莉娜、孫梅菁　譯

塔羅事典 孟小靖老師　審訂

瑞秋・克洛威斯（RACHEL CLOWES）　卡片插畫設計

黃金塔羅牌：維斯康提經典復刻牌組
The Golden Tarot: The Visconti-Sforza Deck

作者	瑪麗・帕卡德（Mary Packard）
翻譯	喬莉娜、孫梅菁
審訂	孟小靖
責任編輯	謝惠怡
內文排版	唯翔工作室
封面設計	楊意雯
行銷企劃	謝宜瑾

發行人	何飛鵬
事業群總經理	李淑霞
副社長	林佳育
圖書主編	葉承享

出版	城邦文化事業股份有限公司 麥浩斯出版
E-mail	cs@myhomelife.com.tw
地址	104台北市中山區民生東路二段141號6樓
電話	02-2500-7578

發行	英屬蓋曼群島商家庭傳媒股份有限公司城邦分公司
地址	104台北市中山區民生東路二段141號6樓
讀者服務專線	0800-020-299（09:30～12:00；13:30～17:00）
讀者服務傳真	02-2517-0999
讀者服務信箱	Email: csc@cite.com.tw
劃撥帳號	1983-3516
劃撥戶名	英屬蓋曼群島商家庭傳媒股份有限公司城邦分公司

香港發行	城邦（香港）出版集團有限公司
地址	香港灣仔駱克道193號東超商業中心1樓
電話	852-2508-6231
傳真	852-2578-9337

馬新發行	城邦（馬新）出版集團Cite（M）Sdn. Bhd.
地址	41, Jalan Radin Anum, Bandar Baru Sri Petaling, 57000 Kuala Lumpur, Malaysia.
電話	603-90578822
傳真	603-90576622

總經銷	聯合發行股份有限公司
電話	02-29178022
傳真	02-29156275

定價　　　　新台幣1250元／港幣417元
2021年9月初版一刷・Printed In China
ISBN　978-986-408-700-6（精裝）
版權所有・翻印必究（缺頁或破損請寄回更換）

國家圖書館出版品預行編目資料

黃金塔羅牌：維斯康提經典復刻牌組／瑪麗・帕卡德（Mary Packard）作；喬莉娜, 孫梅菁翻譯. -- 初版. -- 臺北市: 城邦文化事業股份有限公司麥浩斯出版: 英屬蓋曼群島商家庭傳媒股份有限公司城邦分公司發行, 2021.09
　面；　公分
譯自：The Golden Tarot : the Visconti-Sforza deck
ISBN　978-986-408-700-6（精裝）

1.占卜

292.96　　　　　　　　　110008232

混合產品
源自負責任的
森林資源的紙張
FSC® C017606
www.fsc.org

目錄

前言

歐洲自十四世紀以來就已經有紙牌的遊戲。最早的紙牌由四種花色組成，其結構類似於現代撲克牌，每種花色有十個符號（數字）和三個宮廷人物組成，但花色是硬幣，杯子，寶劍和權杖。到了1410年至1442年之間的義大利文藝復興時期，添加了四位皇后，以及由神秘人物所組成的一系列角色成為第五組花色，塔羅牌就這樣誕生了。

自十八世紀末以來，神秘學家一直將塔羅牌視為不可或缺的一部份。為了給它提供一個自認合適的古代來源，他們為牌卡編造了許多虛假的歷史和關聯。據說它起源於古埃及的古代卡巴拉學派，或是由神話中的赫密士·崔斯墨圖（Hermes Trismegistus）指導埃及祭司所創建。並非所有神秘學家的見解都是錯誤的，但有些評斷有誤。在最糟糕的時期，神秘學家協會反而變成一堵混亂的牆，阻止人們欣賞紙牌上所保存的神秘遺產。

欣賞塔羅牌最正統的方式，是觀賞現存最古老的紙牌。所有早期的牌卡，都是由藝術家為貴族顧客所設計的紙卡——由油漆和金箔繪製而成的微形奢華藝術品。流傳至今大多數紙牌皆已散逸，

現有的十五副紙牌是米蘭的統治者維斯康提家族所創，但已沒有一副是完整的卡牌，都缺少了一部分的卡片，而維斯康提-史佛薩（Visconti-Sforza）塔羅牌是古老紙牌中保存最完整的。

在這副牌中可以看到最初始版本的愚者紙牌以及十九張大牌（僅缺少了惡魔和高塔）。實際上，在1499年，當米蘭被法國的路易十二（Louis XII）征服時，米蘭的塔羅牌成為了法國紙牌的樣版，稱為馬賽塔羅牌，之後被後世的神秘學家發現而認定為世界標準版。

在《黃金塔羅牌》中，瑪麗・帕卡德（Mary Packard）出色地將維斯康提-史佛薩塔羅牌介紹給現代觀眾。她提供了有關歷史和其象徵意義的見解，並讚揚了華麗的牌面及占卜的重要功能。再一次，我們可以看到塔羅牌表述了永恆的神秘哲學，這是我們不可或缺的珍貴遺產。

Robert M. Place

CHAPTER 1

歷 史

1400 年代中期住在米蘭的權勢貴族，要如何舉辦生日慶典、婚禮或週年紀念日？如果不是太過老套，

畫像是一個不錯的選擇。一場晚會也很有趣，但很快就結束了。所以這玩意必須要既持久又獨特，而且只適用於有著傑出社會地位和大量財富的人。於是新的趨勢是在重要時刻來臨時，委託多才多藝的畫家們，繪製出一副紙牌，來展現他們的崇高地位。

通常卡片上所呈現的，是家庭成員們在精緻典雅的環境中穿著最美麗的服裝。這些卡片為後代子孫提供了一個迷人且理想的畫面，讓他們能窺見當時蓬勃發展的貴族生活。其中保存最古老且最完整的，就是由米蘭統治家族——維斯康提-史佛薩委託製作的牌卡。

上一頁：弗朗切斯科‧海耶茲（Francesco Hayez）的這幅十九世紀畫作中，展示了米蘭公爵菲利波‧瑪麗亞‧維斯康提（Filippo Maria Visconti）將王冠歸還給阿拉貢和納瓦拉（Aragon and Navarra）國王的作品。

家庭關係

據說菲利波·瑪麗亞·維斯康提（Filippo Maria Visconti）公爵是當時的義大利首富，但即便如此，對他來說，生活也不是完全無慮。由於十五世紀的義大利由眾多戰亂的城市國家所組成，因此它並不和平。就像其他領主一樣，公爵處於不斷警戒的狀態，以防止可能有一群侵略者出來威脅他的財產。

然而維斯康提有不孕症的問題。儘管已經結婚數次，但他還沒有繼承人，尤其是需要有一個兒子來繼承了他的頭銜。終於在1425年時誕生了一個女兒，他喜出望外。雖然是女生，而且是非婚生的孩子，但這些絲毫沒有減低他的喜悅。他給她取名為比安卡·瑪麗亞（Bianca Maria）。維斯康提非常寵愛他的獨生女，並給她提供了一流的教育，其中包括古典拉丁、音樂、藝術、科學和數學教育。父女倆人也都很熱愛狩獵和騎馬。

戰士的命運

史佛薩家族的榮耀奠定於其他地方。史佛薩王朝的創始人穆齊奧·阿滕多洛（Muzio Attendolo）來自一個繁榮的農業家庭，但由於不適應農村生活，年紀輕輕時就離開了家，加入了傭兵團訓練，主要被受雇來捍衛公國或王國，抵禦外敵入侵。阿滕多洛強大的軍事技能為他贏得了史佛薩（Sforza）這個名字，這在義大利語中意思是「堅強」。這個名字被延用下來，不久之後他就自組建立了自己的傭傭軍。1424年阿滕多洛意外溺死後，他的兒子弗朗切斯科（Francesco）取得了控制權。在弗朗切斯科的指揮下，發展成當時義大利最強大的軍隊。

當菲利波·維斯康提公爵遭受攻擊，他請弗朗切斯科·史佛薩率軍抵抗入侵的威尼斯人。當時的習俗是通過婚姻，來擴大和鞏固貴族的力量。因此，維斯康提公爵將女兒比安卡·瑪麗亞嫁給了弗朗切斯科·史佛薩，以表彰他在軍事上的成功。婚禮於1441年10月25日舉行。

上一頁：弗朗切斯科·史佛薩和比安卡·瑪麗亞的婚禮。

週年紀念牌

在維斯康提去世後，繼承接班的過程有些複雜。米蘭共和議會並沒有授予弗朗切斯科·史佛薩爵位，史佛薩被迫要奪取政權才能贏得他岳父的頭銜。由於反對者的戰力無法與史佛薩匹敵，史佛薩最終在1450年統領了米蘭。

維斯康提-史佛薩牌的婚姻無疑是相當成功的，並有了許多繼承者。比安卡·瑪麗亞參與了所有國家事務，並積極贊助醫院、教堂和藝術。1448年，當她穿上盔甲參加對威尼斯入侵者的另一場猛攻時，她的聲望水漲傳高，並為她贏得了「女戰士」的稱號。

在1451年結婚十週年之際，弗朗切斯科·史佛薩聘請了著名藝術家波納法西奧·班波（Bonafacio Bembo）繪製一副牌做紀念，許多牌卡呈現出十五世紀上半世紀的典型服裝穿著。我們還可以注意到這個淒美的細節，比安卡·瑪麗亞這位傳奇女戰士的角色在卡片上，被描繪成精緻脆弱的少女形象。這種對比鮮明地表達了渴望自由並擺脫軍隊的掠奪與威脅。

義大利的排場

凱旋而歸的遊行，是影響維斯康提-史佛薩牌卡製作的一項重要傳統。勝利遊行最初由古羅馬開始舉辦，目的是為了慶祝將軍大勝歸來。凱旋而歸的羅馬隊伍會依地位排序。最卑微的囚犯在遊行隊伍的最前頭，緊隨其後的是這些囚犯的綁架者，羅馬士兵和他們的上級軍官，依此類推，直到最後，得勝的將軍會在最熱烈的呼聲中出現。

幾個世紀後，這種羅馬式的凱旋遊行隨著羅馬軍事力量減弱而式微，取而代之的是華麗的宗教遊行盛會。在中世紀時期，常會看到遊行的驢車隊伍穿過義大利托斯卡納狹窄的街道。驢車上裝滿了宗教物品，後面跟隨著穿著豪華長袍的神職人員。他們伴隨著悠揚的禮儀音樂莊嚴地漫步，演奏音樂的樂手也個個都衣著華麗。

情人牌卡上描繪的人物，被認為是弗朗切斯科·史佛薩和比安卡·瑪麗亞·維斯康提。

到了文藝復興初期，這是人們對古典事物重新燃起興趣的時代，精心策劃的宗教遊行與世俗節日遊行融為一體，重新塑造出羅馬凱旋隊伍的樣貌。閃閃發光的馬車型戰車坐滿了著名的英雄、反派角色，陪同著歌手、舞蹈家和色彩繽紛的表演藝術家。

大部分的遊行本質上和現代狂歡節類似，歡欣勝利的場景會展現在各種場合。例如婚禮、葬禮以及重要的節日。當時主要的藝術家被召集來指導選美比賽，為花車設計出華麗的服裝，以及閃閃發光的佈景。這些風格中有許多元素都呈現在維斯康提-史佛薩塔羅牌所描繪的服裝和背景中。

有時，文藝復興時期的重大成功，也會吸引那些想展現柏拉圖美學的表演者。這些選美比賽將勝利的題目，和複雜而有寓意的主題結合在一起，各個隊伍互相爭奇鬥艷，企圖在重要的主題上壓倒對方。

古典主題在文藝復興時期的藝術和文學中也得到了展現。描繪柏拉圖四大美德的繪畫作品——審慎、正義、勇氣和節制，都是藝術家的熱門題材。同樣地，對於當今的作家和詩人來說，美德主題會相互取代，但戰勝邪惡是不退流行的話題。如平民百姓所熟悉在但丁《神曲》中的人物，以及佩脫拉克的長詩《凱旋》（I Trionfi）。

《凱旋》中，普魯塔克[1]（Plutarch）描述了一個年輕人，他回到了遇到初戀的地方，遇到了美麗少女蘿拉（Laura），他睡在一棵樹下，夢想著獲得勝利。人年輕的時候，他就被愛所征服，隨著他長大，貞操征服了愛情；而後死亡戰勝了貞操，但名望擊敗了死亡，使人的名字得以延續；最終，名聲輸給了時間。只有永恆形式的存在才能征服時間。

於是我們發現，當今畫家和作家所熟悉的某些圖像和主題也會出現在維斯康提-史佛薩牌卡片上，因為紙牌遊戲和藝術都起源於同一種文化傳統。

維斯康提-史佛薩牌的死神卡。

[1] 羅馬時代的希臘作家。

遊戲

儘管現在這副牌卡已經被當做占卜工具，但維斯康提-史佛薩牌的原始目的是一款名為凱旋（Triumphs）的遊戲。這是橋牌的始祖，它的名字直接來自文藝復興時期的遊行。在義大利語中，該遊戲稱為Trionfi，英語的大牌（trump）[2]就從這個字衍生而來。

凱旋遊戲的牌卡是由七十八張牌組成。五十六張卡片平均分為四種花色，分別是寶劍，錢幣，權杖和聖杯。第五種花色由二十一張圖片卡和一張作於通用的愚者卡所組成。第五種花色塔羅牌即是「大牌」（trump），和其他卡牌有很大的區分。

維斯康提-史佛薩大牌上描繪的圖像屬於文藝復興時期的標準化主題，例如，太陽，月亮以及勇敢與節制的美德。其他塔羅牌上的大牌插圖各有不同，具體取決於藝術家以及創建卡片的時間和地點。然而，儘管圖片有異，大牌的名稱略有不同，且在各處的順序都有些許變化，但塔羅牌彼此之間的相似程度卻非常高。

維斯康提-史佛薩大牌與其他塔羅牌的不同之處，在於它們沒有編號。儘管沒有數字編號，但它們仍依照價值排序，牌卡上最小的大牌是魔術師，最大的大牌是世界。

前頁圖：尼科洛·德爾·阿巴特（Niccolò dell' Abate）在十六世紀所繪的壁畫一角，有兩個人在玩塔羅牌遊戲。

---

2 古語稱之為「王牌」，現今使用上多以「大牌」來表示。

風格元素

藝術家班波（Bembo）具有豐富的手稿繪畫經驗，使他成為創作許多藝術牌卡的絕佳人選。維斯康提-史佛薩牌卡上的每張細緻手繪圖都是精美的傑作，塗料使用到了金箔、青金石粉，孔雀石和其他珍貴礦物。從複雜的圖案裝飾、背景和大部分衣服上可以觀察出，顏色主要由金色、紅色和藍色所構成。

從構圖上來看，這些卡片讓人聯想起李奧納多·達文西（Leonardo da Vinci）的設計風格。譬如說，從卡片底部正下方可以看到地面斷裂所產生的深度感，這種畫法是受到了達文西的影響，月亮（右圖）、星星、太陽、死神和節制這幾張卡片都表現出了這個特徵。

第一副塔羅牌

維斯康提-史佛薩牌卡是現存最古老的十五套塔羅牌中最完整的。其中的七十四張卡片，有二十六張仍然位在義大利貝加莫的卡拉拉美術學院（Academy of Carrara in Bergamo），另外十三張歸屬於貝加莫的一位私人收藏家所有，還有三十五張位於紐約的摩根圖書館（Pierpont-Morgan Library）。

維斯康提-史佛薩牌卡歷史悠久但保存得相當良好，可能是因為卡片很少被拿出來使用。上面打了幾個洞，可以看出這些卡片應該是

被掛在牆上當做展示。儘管紙牌沒有編號，無法確定缺失的四張紙牌是否就是標準牌卡中的惡魔、高塔、寶劍三（左圖）和錢幣騎士。但為了完整復刻這套牌組，我們已經依照同樣的風格樣式，重新繪製了這四張卡片。

CHAPTER 2

塔羅牌占卜

如果有人說在我們的時代，還存在著一本古埃及人的著作，它躲過了吞噬宏偉圖書館的大火，並飽含了古人學說中最引人入勝的精華，那麼毫無疑問地，每個人都會渴望了解這本如此珍貴和傑出的書。

十八世紀法國作家安托萬・考特・德・格貝林（Antoine Court de Gébelin）曾說，他第一次玩塔羅牌遊戲時，就對卡片上所看到的圖像非常著迷，於是提出了一種理論來解釋其起源。他相信，古埃及的智慧能透過塔羅牌全部傳達給他。

前頁：埃及神托特。

在圖像中，他看到了偉大的女巫伊西斯（Isis），她是重生女神和萬物之母的象徵。他還辨認出埃及神托特（Thoth）的訊息，並發現管理人類幸福各個方面的自然規律。因為德・格貝林已經廣泛地研究了神秘學，所以他才能夠在紙牌上認出這些蘊藏古代祕要的璀璨光芒。

德・格貝林的理論並不是天馬行空那樣膚淺。他使用的卡片為馬賽塔羅牌（Tarot of Marseilles），這是歐洲當時流行的標準化牌卡。由於所有的塔羅牌都是在十五世紀初構思的，當時人們對所有神秘事物都重新燃起熱情，因此許多卡片的圖像都反映了這種興趣。

德・格貝林在他的百科全書第 8 卷中擴展了他的理論：*Le Monde primitif, analysé et comparé avec le monde moderne*（原始世界與現代世界進行分析和比較）。對於德・格貝林而言，原始世界代表了人類的黃金時代，是一種理想的文明，而且在思想和精神上都優於此後的任何文明。這個理想世界的居民都是托特的追隨者，據說他已經解開了宇宙的秘密，並將這個神秘的知識庫保存在《托特之書》（The Book of Thoth）之中。傳說《托特之書》收藏在一座神廟裡，由埃及祭司們嚴密守衛。根據德・格貝林的說法，這些祭司們提煉出了書中的秘密，並將其編纂成第一批塔羅牌的圖像。

巴黎國家圖書館收
藏的馬賽塔羅牌中
的其中四張牌。

德・格貝林進一步推論說，塔羅牌（Tarot）一詞的意思是「通往智慧的皇家之路」，它源於兩個埃及詞：tar（road）和rho（royal）。他還完整補充了有關紙牌與埃及神話相似之處的理論。例如，他指出，戰車卡上的凱旋人物是歐西里斯（Osiris）神，惡魔牌上的形象其實是埃及破壞神塞特（Set）。最後，德・格貝林推測，這些卡由羅姆人（Roma）帶到歐洲，因為當時的人們認為羅姆人是從埃及（Egypt）移民過來的，所以稱他們為吉普賽人（Gypsies）。

德・格貝林在大牌中拼出了一個創世（creation）故事。他確信這些牌已經被倒敘了，所以他重新排序了牌卡以符合他的理論。從世界牌開始，世界牌對他來說代表著「時光」。他的牌組以變戲法的人（亦稱魔術師）結束，他隨意地、變化不定地排列與重新安排神聖元素，向我們展示生命不過是一場偶然的遊戲。德・格貝林也將前四種花色結構，和他所生活的四個社會群體進行了比較。他宣稱寶劍代表貴族，聖杯代表祭司，權杖代表農民，錢幣代表商人。

在1800年代初期，記載著古埃及文字的羅塞塔石碑（Rosetta Stone）被解譯後，很明顯地，埃及語中並沒有任何記載，來支持德・格貝林關於塔羅的埃及起源說理論。儘管如此，安托萬・考特・德・格貝林仍在塔羅牌學術中佔有穩固地位。他是第一個將塔羅

牌與神秘學聯繫起來的人，並且是第一個意識到馬賽塔羅牌不僅僅是娛樂的工具，這為後來的學者樹立了直觀理解牌卡的機會。

讓-巴蒂斯特・阿利埃特（Jean-Baptiste Alliette）大約和德・格貝林同一時間發展出自己的塔羅牌理論。年輕時，他當過種子商人，後來轉為販賣古董版畫。在業餘時間，他勤奮地學習塔羅牌，並有系統地發展和整理他的理論。像德・格貝林一樣，阿利埃特相信第一副塔羅牌是在埃及發明的。1788年，他建立了自己的塔羅牌社，名為「解讀托特生活協會」（Society for Interpreting the Life of Thoth）。他還研究了占星術和生命靈數，並且是第一個將它們與塔羅牌聯繫起來的人。

儘管有證據表明，塔羅牌在文藝復興時期已被用於占卜，但阿利埃特——也被稱為伊蒂利亞（Etteilla，他的姓氏反寫），他是第一個專門為此目的創建塔羅牌的人。伊蒂利亞還有其他第一的榮譽：他寫了第一本關於如何排列塔羅牌以及如何解讀牌面的書；創造了「紙牌卜卦」（Cartomancy）一詞，這是一種用於占卜的塔羅牌研究；他是第一位塔羅牌專業占卜師。

到了1791年，伊蒂利亞設計了自己的塔羅牌，稱為大伊蒂利亞（Grand Etteilla）。這副牌卡他修改了許多卡片上的設計，並重新排列了順序。伊蒂利亞進行了許多創新。他將一到七十八張卡片重新編號，將愚者排在最後。儘管仍有魔術師、戰車和死神之類的標準卡片，但也包含了許多陌生的卡片，例如天空、混沌、審慎和魚。所有伊蒂利亞牌卡的兩端都貼了標籤，因此根據圖像是正位還是逆位會顯示出不同的關鍵字。在特定卡片上，也包括黃道十二宮的標誌，以及風，水，土和火等四個元素。

伊蒂利亞最重要貢獻之一是他在紙牌卜卦的建議，也就是塔羅牌的解讀取決於牌與周圍其他牌的關係，以及它們是如何結合在一起構成一個整體（牌陣）。伊蒂利亞對於紙牌卜卦的熱情永無止境。而且伊蒂利亞還使用了全部的（七十八張）牌，創造了有史以來最大的紙牌牌陣。他把這個宏偉的結構稱為「命運的偉人」（Great Figure of Destiny）。

前頁：十九世紀版本的伊蒂利亞塔羅牌牌組中的四張牌。

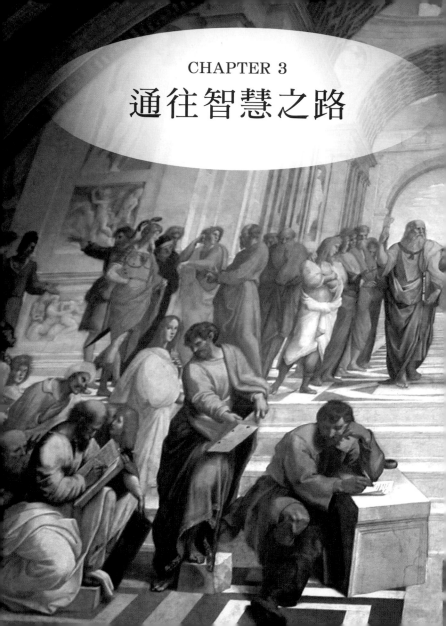

CHAPTER 3

通往智慧之路

現在我們知道，第一副塔羅牌並不是起源於埃及，但在十五世紀米蘭文藝復興之初，這個充滿智慧活力的時代，特點之一就是將豐富多彩的文化和精神傳統，淬鍊並融合成一體。在義大利，來自多個流派的豐富思想匯聚在一起，成為創意活動的溫床。

本章將簡要地總結其中幾種思想，包括古希臘、羅馬和埃及的哲學復興。在認識了維斯康提-史佛薩牌的圖案設計由來後，很明顯地，這副牌不僅僅是一副撲克牌。雖然第一個專門用於占卜的塔羅牌直到十八世紀才問世，但維斯康提-史佛薩牌上豐富度的象徵意義，使它成為占卜和自我探索的理想工具。

上一頁：在1509年至1511年間，拉斐爾（Raphael）為朱利葉斯二世教皇（Pope Julius II）繪製的壁畫，精美地呈現出對古典思想的崇敬。

儘管塔羅牌並非起源於埃及，但它傳達的一些概念確實源自於斯。這些概念來自於赫密士主義（Hermeticism）的哲學思想，最初記錄在現稱為《赫密士文集》（Hermetica）的古代文獻中。

這些文本寫於第二和第三世紀，融合了神話、哲學、占星術和魔法藝術。儘管它們是由不同的作者撰寫的，但據說他們都是由埃及神托特（Thoth）直接傳授而來。一個世紀以後，亞歷山大大帝在334年征服埃及，希臘人也將托特納入自己的神話之中，改名為赫密士‧崔斯墨圖（Hermes Trismegistus）。這就說明了為什麼與埃及神有關的神秘哲學，會以希臘人的名字命名。在埃及文字中，「托特」一詞，通常跟隨著「偉大、偉大、偉大」。為了證明赫密士和托特一樣，希臘人為這個新名字加上「崔斯墨圖」（Trismegistus），意思是「三重偉大」。

赫密士主義試圖解決人類典型的困境 ——如何克服死亡、實現永生。基於這樣的思想，每個人都擁有不朽靈魂，但靈魂卻被困在凡人肉體中。赫密士主義的追隨者們相信，他們能永垂不朽，並和造物主一起進入行星之上的天界。儘管艱鉅，但《赫密士文集》提供了實現永生的藍圖，包括冥想和儀式，以及其他精神與魔法的實踐方法。

看、聽和理解。

你看到了生命的七個領域。

通過它完成了靈魂的墮落和上升。

—《願景》、《赫密士文集》的第二冊

願景

在文藝復興時期，《赫密士文集》中所蘊含的元素，也展現在維斯康提-史佛薩塔羅牌以及後來的馬賽塔羅牌藝術中。閱讀赫密士思想相關的神話，將有助於識別這些元素。

《赫密士文集》的第一冊中，我們了解到赫密士收到了神的啟示，由此他學到了所知的一切。例如，他發現造物主將天體之光照耀了土、風，火和水的四個元素中，從而塑造了地球和七個行星。對於古代的天文學家來說，太陽和月亮與水星、金星、火

星、木星和土星都被認為是行星，七顆星一起繞著靜止的地球旋轉。

造物主還向赫密士透露了人是如何誕生的。他得知上帝是按照自己的形象創造了第一個人；由於這個人呈現出上帝的原型樣貌，所以也具有雙重性別，並且美得令人嘆為觀止。造物主允許這個人降臨到行星所在的境界，在那裡，七顆行星都被這個形體所散發出的輝煌光彩所震驚。地球也因此墜入愛河，賦予它一個雙性的軀體，而這七顆行星為了將這第一個人據為己有，則送上了七件（其實不太吸引人的）禮物——暴食、狡猾、色慾、傲慢、大膽、貪婪和謊言。

上方圖片：《造物主創造了太陽和月亮》（The Lord creatag the sun and moon），費德里科‧祖卡羅（Federico Zuccaro），1566–69年。

神秘塔羅牌

行星們想要獨占這個人的願望沒有實現。造物主把這一個人一分為二，變成了一個男人和一個女人來到了地球。但是，他們永遠無法觸及到極致的喜樂，因為人類註定要承受死亡的痛苦。然而，每個凡人的軀體裡都住著一個永恆的靈魂。當人死後，為了與神聖的造物主合而為一，靈魂必須爬上行星的階梯，沿途擺脫自身的惡習。這場淨化之旅將一路持續，直到靈魂到達天堂。

這段與神合一的旅程，就象徵性地呼應在大牌圖像上。七個天體，包括五個行星、太陽和月亮，是數字七的神秘結合基礎，反映在二十一張大牌的排列次序中。前七張，從魔術師到戰車，代表世俗人物。第二組，從正義到節制，描繪了通過苦難和接受美

> 然後，靈魂赤裸著，
> 不受七界的一切積累，
> 來到了第八界。
>
> ─赫密士・崔斯墨圖

德的精神成長。第三組，從魔鬼到世界，則是追溯靈魂啟蒙或到天堂的旅程。

《封閉的宇宙》（The Hermetic Cosmos）。

您是否曾經感覺到
我們的靈魂永生不死？

—《理想國》，柏拉圖

啟蒙之路

對生活在西元前三世紀的希臘哲學家柏拉圖來說，身體的無常加上人類抽象思維的能力，表明了一定有超越物質世界的存在——那超越骨肉的東西，就是那難以言喻的靈魂。柏拉圖推斷，如果構成靈魂的眾多特質無法被看到，那麼它們必定是更大東西的一部分，這是一種精神統一，他稱之為「合一」。於是他認為，死後每個靈魂的任務就是合一的團聚。在他的著作《理想國》中，柏拉圖創造了一個寓言，在寓言中，人類註定要在地球深處的洞穴中過著黑暗的生活。在那個世界裡，生活不過是一種幻覺。柏拉圖筆下的英雄，是一個真理的愛好者，他渴望陽光，一直被光所吸引，直到站到洞口，才獲得了最終的啟發。

柏拉圖的靈魂哲學在公元三世紀經過修改，納入了上帝的概念。

這個更新的版本稱為「新柏拉圖主義」，包含了多種宗教思想，也參考了聖經和神秘主義。真理與光之間的連結，是一個明確的概念。新柏拉圖主義在文藝復興時期蓬勃發展，於是在塔羅牌中就能看到它的影子。在維斯康提-史佛薩牌卡上最高的三張大牌是星星、月亮和太陽，這並非巧合。這種階層遞疊以世界牌（右圖）結束，它承載著新耶路撒冷的形象，是天堂的化身，就如啟示錄中所述。

連結煉金術

在文藝復興時期形成了一種與世隔絕的趨勢，這也促使了神秘和魔法藝術的興起，包括煉金術。最著名的煉金術文字是《翡翠綠碑文》（The Emerald Tablet），據說，它是由赫密士‧崔斯墨圖親自撰寫的。煉金術是一門將基本金屬提鍊為黃金的古老科學，在中世紀傳遍西歐，並延續到整個文藝復興時期。在探索煉金術和塔羅牌的關聯前，我們可以先認識一些煉金術的基本原理。

煉金術是一種哲學，其主要宗旨可以引用塔羅學者羅伯特‧M‧帕里斯的話。他說，「萬物都是活著的，包括岩石和礦物，且都有一個共同的目標：進化成他們最高的存在狀態。」

> 煉金術是一門將有用的東西
> 提鍊成為終極物質和本質的
> 一門藝術。

—帕拉塞爾蘇斯（philippus aureolus paracelsus）

翡翠綠碑文上詳細記載了煉金術的蛻變過程，在這個信仰體系中，植物的最高形態是玫瑰，金屬的最高形態是黃金，而人類的最高形態是智慧。為了達到其最高狀態，必須清除所有雜質。

雖然煉金術士認為，隨著時間的推移，鉛會轉化成黃金，但他們曾試圖加快這個過程。為此，他們一生都在尋找催化劑，以省略中間的過程，創造這種轉化的奇蹟。

他們把這個目標稱為「傑作」（Magnum Opus），拉丁文中稱之為「偉大的作品」，而他們所追求的神奇物質是賢者之石，或宇宙靈魂（Anima Mundi）。

煉金術士，循環壁畫《工作世界》的一角，尼古洛・米雷托（Nicolo Miretto）和斯特凡諾・達・費拉拉（Stefano da Ferrara），約1450。

煉金術是一門操縱生命和物質意識的藝術，幫助生命進化或解決內在不和諧的問題

—讓·杜布伊斯

心靈的黃金

儘管這部巨著的實踐者們仍在繼續尋找賢者之石，但對一些人來說，關注的焦點大多是在精神層面而非物質層面。對於他們來說，首要任務是找到一種方法，通過神秘的轉變來完善人類的靈魂。為了實現這一目標，他們探索了夢想、願景和符號。大牌講述了一個象徵精神提升之旅的故事，該旅程反映了這個基本哲學。

在維斯康提-史佛薩命運之輪的卡片（次頁圖）上，一個蒙著眼睛的幸運之神旋轉著她的輪子，周圍有四個人物，每個人物附近都有一個幾乎看不見的捲軸。左手邊的捲軸顯示為「我將統治」

（Regnabo），頂部為「我正統治」（Regnobo），右手則為「我已統治」（Regnavi）。

所有的一切都在一個窮困潦倒卻聽天由命的老人背上得到平衡，他的卷軸上寫著「我沒被統治」（Sum sino regno）。這個資訊再清楚不過了。追求名利是一種本能（引導）。拋開自己放肆的野心，就可以實現轉變，並且離覺悟（心靈的黃金）更近一步。

只有通過鑽研煉金術，我才能清楚地理解無意識是一個過程，自我與無意識及其內容的融洽關係引發了一種進化，更確切地說是心靈的真正蛻變。

一卡爾·榮格

現代詮釋

瑞士心理學家卡爾·榮格的作品確立了圖像在心靈生活中所起的強大作用。在比較各個時代不同文化的傳承時，他觀察到在無意識中盤旋的圖像非常相似，並反映了日常的主題，榮格稱這些圖像為原型。其中有聰明的老人，英雄，騙子，母親和天真的孩子。這些原型圖像的幾個例子在塔羅牌上出現並不是巧合。

榮格在其著作中舉例說明了融合了此類原型（包括煉金術和瑜伽）的信念系統，並指出：「塔羅牌上的這些圖片似乎也是從原型轉化而來的。」對於塔羅牌專家辛西婭・吉爾斯（Cynthia Giles）而言，榮格的句子「透過研究塔羅牌，賦予了個人成長觀念裡有一致的的合理性。」很少有人會質疑，夢境解析可以用來發

覺隱藏的動機和埋藏的情感。榮格證實了神話、寓言、夢想和民間故事，也能揭示其背後重要的動機與情感。通過它們的象徵意義，塔羅牌可以準確地執行這個功能，區別在於它是在我們清醒的時候告知該如何執行。

在維斯康提-史佛薩塔羅牌中，Il Tempo（時間）被稱為隱士，是智者的化身。

CHAPTER 4

大 牌

> 真正的塔羅牌是一種象徵；
> 沒有其他語言，
> 也沒有其他標誌。

—亞瑟·愛德華·偉特

在馬其諾·托爾托納《Marziano da Tortona》檔案文件中顯示，占星師與紙牌設計師曾經向他的客戶菲利波·維斯康提公爵詢問，一個認真而有美德的人是否適合花時間玩紙牌遊戲。維斯康提回答，如果遊戲所代表的哲學是高尚的，那就是一項值得追求的目標。這段歷史軼事強化了文藝復興時期學者的觀點，即所有的藝術，甚至是遊戲，都應通過隱喻和寓言，表達出有意義的思想。

前頁：維斯康提-史佛薩牌卡中被重新詮釋的高塔一部分細節。

維斯康提-史佛薩塔羅牌就是一個傳統的完美典範。許多人認為，當塔羅大牌被視為一個故事的三個章節時，即諭示了柏拉圖的靈魂三部分理論：慾望之魂，意志之魂和理性之魂。對於柏拉圖來說，必須通過淨化三個靈魂中心來整合美德。通過最初的大牌到最高的大牌，在塔羅牌中完成這個寓言。塔羅牌中的前七張大牌，符合階級制度對應了慾望的靈魂，並通過節制而得以淨化。第二組與意志之魂相對應，並用權力和地位的渴望來象徵，是通過堅毅或力量而被淨化。

最後七張大牌代表理性之魂，是為了獲得對意志之魂的掌控而進行的鬥爭，對抗惡魔化身的非理性衝動。一旦靈魂的這三個方面被淨化，靈魂就可以作為一個整體，統治正義，並且靈魂可以自由地上升，朝著亮度不斷增加的天體（星星、月亮、太陽）越升越高，最後，到達了天堂的新柏拉圖之家，由世界牌所代表。

你可能聽過或見過「大阿爾克納」一詞，是用來指塔羅牌組中的大牌。但它是在第一張塔羅牌問世四百多年後被創造出來的，因此這個詞不適用於維斯康提-史佛薩大牌。

這個牌卡上的每個大牌將由兩個名稱所定義：它原來的義大利名字和現代塔羅牌讀者容易識別的名稱。第五套花色有二十二張大

牌，其中二十一張雖然沒有編號，但有固定的順序。第二十二張牌愚者，在大牌的等級中沒有固定的位置，可以是第一張（如金色塔羅牌）或是最後一張。

在本章中，我們將探索維斯康提-史佛薩塔羅牌中大牌的象徵意義。這些卡片通過原型，代表了一個人在一生中所經歷的所有喜怒哀樂。人們對圖像的反應，提供了一種洞察自己的情緒和思維模式的方法。

愚者
IL MATTO

愚者這耳熟能詳的角色來源於文藝復興時期,最初被稱做瘋子(義大利文 *Il Matto*),他穿著破爛衣服,磨損的腳套著長襪,還有羽毛從雜亂的頭髮中探出,所有跡象都表明還沒有準備好來迎接人生,需要透過反覆試錯及考驗來獲得成長。愚者代表著天真無邪的原型,他是個在森林裡眾所周知尚未歷經學習,毫無經驗的稚嫩小兒,雖然知,但已經開始了他探索智慧的成長之旅。

正位:天真;新的冒險與機會都有個好預兆;大智若愚令意志激昂,而達到更深層次的高我

逆位:已經做出錯誤的選擇,或可能有不好的決策

魔術師
IL BAGATELLA

作為大牌階級順序中的一號牌，魔術師是尋求智慧的第一個嚮導，他的穿著表明了他很可能是個騙子、嘉年華之王，或在一場勝利中某個受歡迎的人物。在義大利文，*Il Bagatella* 是指「不怎麼重要的事」，魔術師代表生理欲望，在自我實現階梯上是最基礎的存在。他坐在有著精緻裝飾的箱子上，前方桌子擺放著一把刀、一個杯子、兩個硬幣還有一個有蓋的大盤了，他的右手放在有蓋的盤子上，左手握著一根棍子，杯子代表著良性動機；刀象徵清晰的計畫；棍子表示熱情；而硬幣則是傳達所有的一切都很實際，而誰知道箱子裡藏著什麼呢？從這些元素來看，所有一切皆有可能。

正位：一個好兆頭的開端；代表想像力、獨創性、可用於好或壞的技能

逆位：拒絕承諾；用簡單的方法擺脫現狀；弱點

女祭司
LA PAPESSA

基於塔羅牌學者格特魯德‧莫克利（Gertrude Moakley）的大量研究，認為這張牌卡最初被稱為女教皇（義大利文 *La Papessa*，意思是教皇），牌上的圖最初是指修女曼佛雷達，她是維斯康提家族的親戚，一個小型異端教派古列爾米特斯（Guglielmites）的成員，根據他們的信仰，原本由男性占主導地位的教皇，很快會被一系列女性教皇所取代，因此修女曼佛雷達（Sister Manfreda）當選為該教派的教皇。

女祭司頭戴三重冠坐在寶坐上，象徵著教皇權威，這張牌也代表著力量，一種不被生理慾望所控制的世俗格調，但她也代表了心靈意志無畏地去實現看似遙不可及的目標，以達到崇高的追求。

正位：良好判斷力；內在聲音的直覺；展現精神進化的一張好牌；
　　　　寧靜的智慧；柏拉圖式的愛；內省；深藏的情感
逆位：意志薄弱；自私；膚淺

女帝
L'IMPERATRICE

女帝的右手握著權杖，左手盾牌裝飾著黑色老鷹紋章，這紋章象徵著神聖羅馬帝國皇帝和他的妻子，這是第一張結合了維斯康提和史佛薩家族紋章的牌卡，女帝穿著銘刻三個交錯鑽石戒指的長袍，代表著史佛薩家族，而她的頭上則是戴著維斯康提皇冠。作為大地之母的原型，女帝展現了女性魅力和生育力，結合她的皇冠、權杖及盾牌，她是女性力量的化身。

正位：女性力量；豐饒／生育力；女性魅力；實用性；決定性；母愛；物質財富

逆位：不孕症；不忠；焦慮

皇帝
L'IMPERADORE

作為他權威的象徵，皇帝手掌中顯眼地展示著皇家地球儀，他長袍上反映著史佛薩三環戒和維斯康提皇冠等兩個家族的紋章，而他皇冠上則能看見神聖羅馬帝國皇帝的徽章——帝國之鷹。皇帝飄逸的白鬍是象徵古老智慧的原型，結合他的皇冠、權杖及皇家地球儀，創造出一個體現男性力量的形象。

正位：穩定；世俗力量；自制力；也可能暗示遇到法律問題或有著
　　　權威地位的人；勝利宣言

逆位：不要盡信行使權力之人的一種警告；缺乏控制；情緒化；無
　　　法專注而導致的失敗

58　黃金塔羅牌

教皇
IL PAPA

在現實生活中，教皇擁有加冕皇帝的權利，而且在塔羅牌大牌故事中，他的位置也被適當地凌駕於其他統治者之上。教皇的右手舉起表示祝福，左手握住教皇十字架，頭上戴著象徵教皇權威和身心靈合一的三重冠。他白色鬍子是智慧的原型，白色外衣代表靈魂的純潔，長袍、皇冠和十字架共同表示儀式和禮節，這顯示了歷史意義和莊重感。儘管教皇的頭銜崇高，但教皇在大牌中的位置仍然體現出他所擁有權力是短暫的。

正位：靈性；同情；寬恕；思維受限；合群

逆位：脆弱；愚蠢的慷慨；不合群；抵制傳統；在極端形況下信奉
邪教

戀人
L'AMORE

這張牌卡中穿著衣服的兩人被廣泛地相信就是弗朗切斯科·史佛薩（Francesco Sforza）和比安卡·瑪莉亞·維斯康提（Bianca Maria Visconti）[3]，牌名義大利文被稱為「愛」（義大利文 *L'Amore*），但裡頭人物缺乏臉部表情，細節也很稀疏，說明了這張牌卡的主題其實是愛情本身而非這對戀人。畫面中由展翅的丘比特主持，而這對戀人的姿勢靈感源於訂婚肖像，例如那些出現在婚禮禮盤或其他紀念品上該有的模樣。丘比特高於這對戀人站在一個基座上，展示著他比戀人們更有力量，他戴著眼罩意指其箭矢的隨機性，暗示人們莫名其妙墜入愛河的原因。在文藝復興時期，丘比特被認為是麻煩精，他代表著生理慾望，故而需要婚姻制度來約束人們強烈的性欲。

正位：和諧；愛；信任；榮譽；喜悅；欲望實現；新的關係或現有
　　　關係中的新階段

逆位：浮躁；缺乏信任

---

[3] 弗朗切斯科·史佛薩是一位米蘭公爵，也是史佛薩家族在米蘭統治時的開
　創者，比安卡·瑪莉亞·維斯康提是1450年至1468年的米蘭公爵夫人。可
　參考本書第十頁。

戰車
IL CARRO TRIUMPHALE

在塔羅牌中，沒有一張牌能比戰車更清楚表達出凱旋而歸的影響力，畢竟這張卡最初名為「凱旋的戰車」（義大利文*Il Carro Triumphale*）。畫中的比安卡・瑪莉亞・維斯康提代表了佩脫拉克《凱旋》[4]詩歌中的主角蘿拉（Laura）。作為戰車駕馭者，蘿拉展現了權威的多重象徵，包含她頭上的金色皇冠、手拿的權杖和另一手拖著的皇家地球儀，在進行新柏拉圖式不朽追求的道路上，蘿拉代表英雄的原型。因此，在引導整個戰車／靈魂朝著啟蒙前進的過程中，她必須將自己的意志奉獻給飛馬們，其中一匹代表生理慾望，另一匹則是心靈意志。

正位：衝突；動盪混亂；即將開始的航程或旅程；內心掙扎以保持身心力量平衡；追求真理與和諧

逆位：失敗；挫敗

---

[4] 《凱旋》（Triumphs）是佩脫拉克用托斯卡納語創作的一系列詩歌，在這場慶祝羅馬人勝利的典禮中，戰勝的將軍與軍隊領著在戰爭中被俘虜的人及戰利品遊行。可參考本書第十四頁。

正義
LA JUSTICIA

正義領導著第二組大牌，挑戰心靈意志是它高尚的使命。左手抓住正義的天秤（司法尺度），這是公平與平衡的原型，右手展示著一把雙刃劍，正義這張牌表明她完全可以勝任這項任務。為了視覺上的吸引力與符合當下慣例，這張大牌還上演了另一齣戲，牌卡上方，彷彿在夢裡或幻想中，一個身披盔甲騎著白馬的騎士，在框著她王冠的金色拱門上疾馳，他揮舞著劍，準備好遵從騎士精神的第一條守則，來捍衛她和她的目標，也就是捍衛公正與正義，而太陽光芒從牌卡的左上角和右上角和善地照射下來。

正位：公平；平衡；榮譽；公正；好的意願；均衡和沉著；善良、感恩、體貼的人

逆位：偏執；虛假指控；辱罵毀謗；狹隘

隱者
IL TEMPO

隱者，他飄逸的長鬍子是智慧的原型。左手握著棍或拐杖，右手拿著沙漏，而他注視著沙漏，意識到時間很快地消逝，頭上豪華的兩層金邊裝飾裘皮帽展現出他是個富裕的人。這位老人是時間（義大利文*Il Tempo*）的擬人化形象，他源於佩脫拉克《凱旋》詩歌中所描繪的時間這個角色，而這又源於對土星時空之神的經典描寫。土星時空之神被勾劃成一位駝背老人，而這張牌卡還有一個有趣的象徵之處，在意大利，人們會戴上駝背樣式的護身符以祈求好運。

正位：給某人行動的一種警告，在為時已晚之前發出警訊；警惕；慎重考慮

逆位：衝動；倉促又愚蠢；注意力不足造成的失敗

命運之輪
LA RUOTA DELLA FORTUNA

命運之輪，在本書第四十到四十一頁上也討論過，代表著沒有任何事物能保持永恆不變，也與時間、物質和世俗世界相關聯。蒙上命運女神的眼睛，使她對周遭人的命運都無動於衷，成為冷漠的化身，牌卡上方與左側分別有戴著驢耳朵的命運之神肖像，右側的則有一條尾巴，而牌卡下方是一個身穿破爛衣服的老人支撐著他們。這張牌卡說明生活正在改變，如果它是正位，表示一切都很光明美好，如果是逆位，就不妙了。

正位：命運；即將結束的問題；結果好壞取決於離它最近有因果關係的牌卡

逆位：中斷；財富逆轉；無法從經驗中學習將遭來反覆厄運

力量
LA FORTEZZA

這張牌卡的藝術風格明顯不是由波納法西奧‧班波（Bonifacio Bembo）[5]畫的，這年輕人的面部特徵沒有前面大牌裡的人物那樣精緻，最有可能是由一位名叫安東尼奧‧西科格納拉（Antonio Cicognara）[6]所繪製。正如海克力斯（Hercules）[7]所代表的形象，力量是靈魂完成其旅程所必需的紀律，而獅子代表著崇高的自我，它追求名利雙收。這張牌卡的力量湧現於勇氣，勇氣這個詞源於拉丁字根 cor，意為「心臟」，意味著力量就是人類駕馭對權力的渴望所需要的品格。

正位：體力；精神優先於物質；自律；決心；英雄主義

逆位：小氣卑鄙；軟弱無能；濫用權力

---

[5] 1451年結婚十週年之際，弗朗切斯科‧史佛薩聘請了著名藝術家波納法西奧‧班波來繪製塔羅牌做紀念。可參考本書第十二頁。

[6] 安東尼奧‧西科格納拉與波納法西奧‧班波皆為義大利文藝復興時期的藝術家。

[7] 海克力斯是希臘神話中的大力神。

吊人
IL TRADITORE

牌卡圖像是一個左腳踝被栓在絞刑架倒掛的人，他的面容與「戀人」牌中的男性人物相似，所以他可能是維斯康提-史佛薩家族的成員之一。在十五世紀的義大利吊人是個可立即被辨識的形象，因為上下顛倒懸吊是對叛徒的一種懲罰，有時嘲弄政治人物的一種形式就是描繪他們被懸吊。吊人代表靈魂必須承受痛苦和必要性地自我喪失，才能完成精神追求。

正位：痛苦和恥辱；自我喪失，自尊心，物質財富；重大事件之間的一段過渡期；行動暫停；過渡；改變路線；犧牲；悔改

逆位：無意義的犧牲；無法提供所需之物；自我主義／自負

死神
LA MORTE

這詭異又栩栩如生的骨架是一部寓言藝術作品中的主角,這部寓言作品被稱為《死亡之舞》,是對十四世紀瘟疫造成人口毀滅性消亡的回應。死神左手持弓,右手握箭,它銳利的眼睛從陰影的眼窩深處散發出充滿威脅的凝視。透過死神這張大牌,我們始終能看到那股擊潰雄雄野心的力量,現在被遭受苦難和折磨的吊人所打敗。

死神這張牌卡在塔羅牌中的排名並非偶然:厄運十三。但從死神的寓意位置可以明顯看出,一切並沒有丟失,反之亦然,在其之後仍然接續著許多牌卡。

正位:轉型;人際關係、工作、收入的結束,這些結束是重新開始
之前必不可少的;在極端情況下,即將來臨疾病或死亡

逆位:恐懼改變

節制
LA TEMPERANZA

節制是大牌中最後一個被描述的主要美德，她是引領平衡、健康與和諧的美德。她不是通過拒絕慾望和情緒來實現自己的目標，而是控制他們，適度合理是個關鍵，節制可以舒緩靈魂，減輕譴責生活不公的衝動。牌卡中當她站在懸崖邊緣，正準備把一個華麗水罐中的液體倒入另一罐，隱喻了融合內部精神世界與外部肉體世界的渴望，這是獲得內心平靜所需的完美狀態。這幅畫的風格也顯示了該人物是由波納法西奧‧班波以外的藝術家所繪製，最有可能的藝術家是畫過力量的安東尼奧‧西科格納拉。

正位：培育與健康；無須違背原則的自控力；在所有事物中保持適度與平衡

逆位：不和諧；利益衝突

惡魔
EL DIAVOLO

由於這張大牌不在原始殘存的維斯康提-史佛薩牌卡中,因此它被重新製作,描繪出了十五世紀可能出現的魔鬼。這個半人半獸的惡魔相當兇猛且來勢洶洶,它具有蝙蝠翅膀、公羊角和驢子耳朵,他腹部上的第二張臉象徵極其失控的生理慾望,而魔鬼下方底座拴住了兩個有角的人物,代表了人類卑鄙的動物本能,鎖鏈象徵著對現世物質享受的束縛。熊熊烈火從基座上噴湧而出,提醒著我們無法擺脫世俗慾望束縛,也無法傾聽靈魂問題而即將降臨的痛苦。

正位:上癮;積極追求世俗財富;對金錢和權力的極度渴望;缺乏原則性;缺乏幽默感除了別人的錢;暴力;災難

逆位:從被束縛的困境中解脫;離婚或分離;克服障礙

高塔

LA CASA DEL DIAVOLO

太陽突如其來地發出了閃電，切開了塔頂，而這座塔被稱為「惡魔之家」（義大利文*La Casa del Diavolo*）。太陽冷漠的表情傳遞出災難是隨機突襲的，與年齡或狀態無關。畫面中有兩個人，一位老人與另一位年輕女性，頭往前地跌落下來。看似堅固的石塔並不是他們想像中強大的堡壘，這象徵著所有物質都是短暫的，無法與天上不可見的力量相提並論，所有人不論老幼、貧富都注定會滅亡，只有靈魂可以忍受這一切。而這張高塔也與惡魔牌卡一樣，都以十五世紀的藝術風格進行了重繪。

正位：突變；不可預見的災難；舊信仰和學說／教義的崩潰；逆境；苦難；財務挫折；失去關係

逆位：繼續征服；固守成規；無法改變；監禁

星星

LA STELLA

星星在探索精神覺悟的過程中，通過神聖地身體開啟了靈魂神秘的昇華。在這張牌卡中，一個身穿藍衣服女人的頭上升起了一顆八角形金色星星，表明她的周圍籠罩著神聖地光芒。她是暴風雨摧毀高塔後的寧靜。

「星星」（義大利文 *Stelle*）是但丁著作《地獄》（*Dante's Inferno*）[8]裡的最後一句話，出現在英雄從地獄存活下來進入星空之後，它象徵了善意戰勝邪惡的希望。藝術史專家建議，這張圖片中的人物可能是受占星女神烏拉尼亞（Urania）[9]的形象所啟發。烏拉尼亞是希臘羅馬神話中的九個繆斯女神之一，烏拉尼亞的面部特徵不如波納法西奧・班波繪製的人物那麼精緻，顯示這種大牌，例如力量與節制，很可能是出自安東尼奧・西科格納拉之手。

正位：樂觀；信仰；一張吉利牌卡，代表著一切（工作，愛情，家庭，努力）都處於適當的平衡中；非常有利的結果

逆位：失望；失衡；悲觀主義

---

[8] 《地獄》是義大利作家但丁・阿利吉耶里（Dante Alighieri）十四世紀史詩《神曲》的第一部分，描述但丁在古羅馬詩人維吉爾（Virgil）指導下穿越地獄的旅程。
[9] 烏拉尼亞是希臘繆斯女神之一，負責掌管占星學、天文學。

月亮
LA LUNA

在神話中月亮是狩獵女神戴安娜（Diana）[10]的化身，她也是生育
女神。在月球牌卡中，她獨自站立與她的雙胞胎太陽神阿波羅
（Apollo）[11]分開，手舉著弦月或新月，表明她對永恆的追求尚未
實現。她在大牌中的排名顯示她被代表永恆的世界牌片所擊敗。
在佩脫拉克的詩中，月亮和星星必須等待永恆戰勝時間，這就是
為什麼他們經常被描繪成一副悲傷的面孔，在牌卡背景裡的人工
裝飾顯得渺小與微不足道，與月亮的距離透露出對現世的關注。
這是第四張由波納法西奧・班波以外的藝術家繪製的大牌，由於
它的樣式與力量、節制和星星牌卡相似，因此被認為是安東尼
奧・西科格納拉所繪製。

正位：耐心期待；休息；暫停喘息；冥想；無意識的顯現

逆位：失去耐心

---

[10] 戴安娜是羅馬神話中的月亮女神、狩獵女神，形象為頭戴一彎星月，身揹
銀弓銀箭，駕著戰車與獵犬相隨。
[11] 阿波羅是羅馬神話中的太陽神，典型形象是右手拿七弦的里拉琴，左手拿
象徵太陽的金球。

太陽
IL SOLE

太陽這張牌卡展現出文藝復興時期藝術中的流行肖像：有翅膀的孩童或小天使，在義大利文中被稱為 putto。他圓潤的型體更像是安東尼奧·西科格納拉繪製的牌卡風格，而不是那些被人熟知波納法西奧·班波的牌卡。小天使站在漂浮的藍色雲朵上，舉起具有維斯康提-史佛薩家族紋章的太陽，在這裡太陽的形狀接近神的頭，用來表示希臘與羅馬的太陽神阿波羅，儘管懸崖的邊緣出現在前景中，但是小天使卻離它很近，他戴著一條作為好運護身符的串珠項鍊，且薄圍巾纏繞在他的雙腿與肩膀之間。隨著太陽的出現，神話中的雙胞胎——月亮女神（戴安娜）和太陽神（阿波羅）因此團結一致，代表了光明與黑暗、白天與黑夜、運動與休息對立的完成與平衡。從心理上而言，他們的結合也可以說是有意識與無意識思想的融合，這同時也是榮格（Jung）[12]認為的完美狀態。

正位：包含健康在內所有事都很理想完美；完美的和諧與團結；男性和女性之間的平衡，象徵著加深的愛；名聲；樂趣；滿足

逆位：孤獨感；烏雲密布的未來；不快樂的關係

---

[12] 卡爾·榮格是瑞士心理學家，曾與弗洛依德推廣精神分析學說，隨後分道揚鑣創立了榮格人格分析心理學理論，至今仍對心理學理論產生深遠影響。可參考本書第四十二頁。

審判

L'ANGELO

這張牌卡最初創作時被稱為「天使」（義大利文 *L'Angelo*）。一位如同神靈般的人主持著儀式，讓天使們用小號召喚下方的人物，在牌卡底部，兩個代表比安卡·瑪莉亞·維斯康提和弗朗切斯科·史佛薩的人物坐在棺材裡，在他們之間休憩著一個老人，他似乎在墓穴底部，這表明了儘管這個老人早在他們之前過世，但也在前往天堂的路上。當他們即將踏上前往天堂的旅程時，他們喜悅地凝視著上方的天空（眾生之上），這代表除了聖經對《最後審判》[13]的解釋之外，當靈魂以永恆的生命戰勝死亡，就即將完成神秘的探索。

正位：贖罪補償；負起全責；恢復活力／返老還童／癒合

逆位：優柔寡斷；精神空虛；成癮

---

[13] 《最後審判》是一種宗教思想，在世界末日之時神會出現，將死者復生並對他們進行裁決，分為永生者和打入地獄者，此概念深深影響了猶太教，後來更為後起之基督教及伊斯蘭教所繼承。

世界

IL MONDO

這是歸屬於安東尼奧・西科格納拉的維斯康提-史佛薩牌組中,第六張也是最後一張的塔羅牌。兩個小天使共同舉起一個地球,我們也在審判這張牌卡中可見,地球代表他們的新家,也就是救贖天堂這個象徵。世界牌卡也意味著永恆的啟蒙,擊敗死亡與時間的靈魂,已經與神共同實現了永生。地球內有一座位於小山丘上閃耀的城堡,由護城河保護著。這座城堡也隱喻了《啟示錄》[14]中所描述的新耶路撒冷[15],這裡的天空湛藍且萬里無雲,天使般的仙童相當安全,而他們的肩膀被披上的圍巾象徵性地保護著。

正位:極好運的吉利牌卡;完美達成;一帆風順;內心的幸福

逆位:缺乏視野;無法完成開始的事情;失望沮喪

---

[14] 《啟示錄》是《新約聖經》收錄的最後一個作品,寫作時間約在公元90-95年,內容收錄對未來的預警,包括世界末日的預言:接二連三的大災難,並描述最後審判,以及耶穌再度歸來。

[15] 新耶路撒冷是指當耶穌再次降臨時,新天地的首都。

CHAPTER 5
四種花色

牌組	關聯	社會階級	元素	星座
聖杯	喜悅	神職人員	水	天蠍座
寶劍	悲傷	貴族	風	水瓶座
權杖	領地	農民	火	獅子座
錢幣	金錢	商人	土	金牛座

儘管維斯康提-史佛薩塔羅牌的前四種花色顯得單調，但其精神意象和原型形成了第五種花色——大牌，所以它們肯定寓意豐富。從這些重複出現的牌組符號，依然能提供豐富資訊和隱喻。雖然這並非刻意要引導你走上靈修之路，可它們確實能傳遞關於性格和情緒的寶貴信息。在你對這些牌卡進行廣泛研究並深入理解其含義之後，你將針對它們如何為牌陣做出貢獻而形成屬於你的直覺看法。

這四種花色的名稱是聖杯、寶劍、錢幣、和權杖，每套牌卡由十四張牌組成：十張符號（數字）牌和四張宮廷牌（國王、皇后、騎士和隨從）。如同第二章描敘，這四種花色反映了中世紀和文藝復興時期社會的四種階級：神職人員、貴族、商人和農民，它們還對應水、風、土、火這四種元素，也是顯示出與每個元素相關的人格特質，另外這些花色和星座也有所關聯。

聖杯牌組

這是一副輕快的牌組，代表著喜悅，聖杯牌卡鮮少呈現負面消極意義，當位於牌陣中否定牌卡附近時，它通常是個緩解因素。聖杯也代表潛意識。有趣的是「聖杯二」帶有片語「我的愛」（義大利文 *amor mio*）之意，而聖杯四則有維斯康提徽章，代表正確／很好之意（法文 *à bon droyt*）。

聖杯一

牌卡上的「杯子」是一個六角形噴泉，類似於洗禮盆或者聖餐杯，引人聯想出聖杯。

正位：吉利好運牌卡表示富裕、成就感和喜悅

逆位：不願放棄的感情；不孕；毫無新意；損壞的幸福

聖杯二

正位：各種合作關係；實現浪漫愛情；洞察力；無私心的衝動／慾望

逆位：離婚；分開；保密；自滿；無法連接

聖杯三

正位：完成；治癒；妥協；可能表示即將舉行的慶
祝活動，假期聚會或家庭團聚

逆位：享樂主義；放縱；忘恩負義

聖杯四

正位：內省；在一段緊張時期或某種形式的圍攻
後，需要獲得一些見解，幻滅導致能量消耗

逆位：建議人們將學習新事物，結交新朋友並遇見
新的可能性和經驗

聖杯五

正位：後悔；缺陷瑕疵；弱點；也可以暗指淺薄的
戀愛關係或空虛的婚姻

逆位：暗示美好的未來和充滿希望的態度

聖杯六

正位：逝去的夢；極度渴望；對過去的期盼

逆位：新的開始；美好的未來

聖杯七

正位：愚蠢的觀念；癡心妄想／如意算盤；夢想

逆位：明智的選擇；幾乎實現的目標

聖杯八

正位：害羞；謙虛；聽從；失望；放棄努力

逆位：毅力；拒絕繼續前進

聖杯九

正位：實現夢想；物質上成功和身體健康的吉利好
運牌卡

逆位：錯誤和不完善；不痛不癢且膚淺

聖杯十

正位：一張極度吉利好運的牌卡；如夢似幻的滿足
感；財務穩定；幸福的家；精神和情感上的
福祉；美德；和平；榮譽；感激

逆位：不和諧；愛爭吵的關係；衝突；麻煩

聖杯隨從

隨從露出左側臉（邪惡的方向），卻戴著白手套（純潔的象徵），這說明他有面對邪惡勢力的善意。他托著一個上方有著哥德式風格高杯蓋的金色杯子，像所有牌卡中的宮廷牌一樣，他的上衣裝飾著維斯康提紋章的耀眼太陽。如果牌卡有意反映文藝復興時期的象徵意義，那麼隨從紅色和白色長襪之間的對比，可能代表純潔（白色）和性欲（紅色）之間的衝突。

正位：關懷；溫柔；藝術天賦；非常良好的溝通者；也可能表示懷孕或分娩

逆位：容易分心；偏離／出格；健談的人；在愛中不被信任

聖杯騎士

聖杯騎士騎在馬上，身穿帶有維斯康提太陽印記的短皮毛鑲邊金布外套，在大衣之下，他穿著一件寶藍色襯衫。而這匹馬的右腿抬起，它的馬鞍和彎繩均帶有維斯康提徽章。

正位：等於滿足自己的要求；關注愛情和浪漫；擁有通靈能力；表示機會即將出現的吉利好運牌卡；可能會求婚

逆位：靠不住；自私；心計

聖杯皇后

聖杯皇后坐在王位上，頭戴
皇冠且面朝前，她那看起來
無比沉重的金色禮服上裝飾
著維斯康提太陽標誌，她戴
著綠色手套，這種顏色與文
藝復興時期的神聖藝術品有
關，她的右手拿著一個華麗的
有蓋杯子或聖杯，左手似乎在
打手勢，也許那是個祝福。

正位：豪爽開朗；仁慈；母親
般地；忠誠；崇拜熱
愛；擁有透視／洞察力
的天賦

逆位：不安不穩定；苛刻；依賴；懲罰性；情緒激動

聖杯國王

聖杯國王個人特色是戴著米蘭公爵之冠，皮草外衣裝飾著波浪狀和直射線狀的維斯康提太陽紋章，他的左手則拿著一個華麗的有蓋聖杯。

正位：周到體貼；仁慈；可信賴的；可能與宗教有關；有創造力和藝術愛好；關注他人導致對慈善的追求

逆位：雙面的；不老實；醜聞事件

寶劍牌組

寶劍牌卡與風元素相關聯，因此也連結了思考與理性。在文藝復興時期的肖像畫中，寶劍是正義的象徵。

寶劍一

維斯康提座右銘「有此權利」（拉丁文 *à bon droyt*）出現在一號牌（Ace）開頭前五張數字牌卡中，纏繞著劍的卷軸之上。

正位：決心、主動性和力量－導致成功和維持成就的所有特性

逆位：災難；壓迫；脾氣暴躁；羞辱；不孕症

寶劍二

正位：勢均力敵的對抗導致僵局；壓抑情緒；無法做出決定

逆位：欺騙；背叛；謊言；背信棄義

寶劍三

維斯康提-史佛薩牌組中唯一遺失的數字卡，寶劍三是用與其他寶劍數字牌類似的樣式重新繪製而成。

正位：失望；心痛；荒涼／孤寂；絕望；即將分離；可能計劃延期

逆位：缺席；失去；拒絕；後悔

寶劍四

正位：返老還童；從先前的逆境中恢復；表示該放慢腳步；需要一種類似於冥想的自我追求；暫時疏離；放逐流亡；暫緩／緩刑

逆位：繼續前進的驅動力；增加壓力

寶劍五

正位：以犧牲他人為代價；背叛和錯付信任

逆位：前景烏雲密布；不確定；弱點

寶劍六

正位：穩定且一帆風順；旅行或搬遷；克服逆境

逆位：停滯；僵局；舊的行為模式；無法進步

寶劍七

正位：一張矛盾的牌卡，可能表示欺騙與詭計，或代表創造性風險；可能因為做的過火而失敗，或因機智而勝利

逆位：不確定性；當不良行為受到了懲罰，正義佔了優勢

寶劍八

正位：暫時疏離；監禁；因病而禁閉；抑制；沮喪；昏睡

逆位：釋放；自由；隧道盡頭之光／曙光

寶劍九

正位：有時被稱為「噩夢卡」，因為它代表著擔心、焦慮、恐懼和精神狀態不佳；絕望；苦難

逆位：丟臉；醜聞；流言蜚語

寶劍十

正位：為了治癒與個人成長而放下過去－這個過程可能會帶來情緒上的痛苦；寬恕

逆位：臨時收益；短暫成功；情況略有改善

寶劍隨從

寶劍隨從全副武裝並戴著孔
雀羽毛的帽子,他擺弄著優
雅姿勢,右手握著劍毫無威
脅性地指著地面。

正位:精神上的冒險家,關注
　　　於智力的想法;強烈的
　　　感知力;洞察力;發現
　　　隱藏含義的能力;慎
　　　重;警告;適應力強;
　　　可能成為一個好間諜,
　　　牌卡可能正在表明重要
　　　信息或文件;暗示可能
　　　存在的衝突

逆位:冒名頂替者;無法應付
　　　不可預見的力量;取決
　　　周圍牌卡,可能表明即將來臨的疾病

寶劍騎士

寶劍騎士騎著一匹裝甲白馬，象徵著所向披靡，就像寶劍隨從那張牌一般，騎士身著全套盔甲，戴著孔雀羽毛帽，這在文藝復興時期是驕傲的象徵。騎士肖像被描繪成面朝左（邪惡的方向）而右手舉著劍。他端莊沉著的舉止表示，他總能在戰場上克敵制勝，但不應該被指使做些微不足道的小事。

正位：英勇與英雄主義；也可能預示著突然的變化和承擔風險

逆位：被動順從；無責任感；自負

寶劍皇后

寶劍皇后的肖像中她戴著王冠坐在側面，前臂與手軸戴上手套與盔甲。她身穿白衣象徵純潔，在文藝復興時期的義大利大學中，白色也是人文學科（人文歷史哲學等等）的象徵。她的右手握著一把劍靠在肩膀上休息，左手舉起彷彿是在打招呼。

正位：靈巧聰明；感知洞察力強；自給自足；可能曾經感受過幸福，但現在卻充滿悲傷；嚴厲的紀律；可能無法表達愛意。

此牌卡表示轉瞬即逝的幸福

逆位：固執己見；欺騙；推脫責任；忽視親人

寶劍國王

就像這套牌組中其他三張宮廷
牌的肖像一樣，寶劍國王身著
鎧甲，背負著巨大的劍。他是
四套牌組中唯一擁有盾牌的國
王。盾牌上裝飾著一隻有光環
且握有書的獅子，象徵著曾
經是史佛薩家族保護過的城
市——威尼斯。

正位：處於權威地位的人已達
　　　到法律、軍事或高等教
　　　育等職業的頂峰；善於
　　　分析；充滿了好主意和
　　　創新計劃

逆位：自私；盛氣凌人／控制
　　　慾強；危險的

權杖牌組

這個牌組關聯到領地與農業,為了順應現代化解釋,今天這套牌組更關注於商業相關的領導力、創新與溝通能力。

權杖一

與寶劍牌組一樣,維斯康提座右銘「有此權利」
(拉丁文 *à bon droyt*),出現在前五張數字牌卡
中,纏繞在權杖旁的卷軸上。

正位:一張開始新事物的吉利好運牌卡;成功完成
任務;祝你好運;繁榮景氣

逆位:不確定的結果;挫敗的野心;計劃被縮短

權杖二

正位:成熟的主導角色;高能量;樂觀;通過決心
和努力實現目標

逆位:悲傷;逆境;不可預見的失敗

權杖三

正位：力量；商業技能；實用的都市生存智慧

逆位：不切實際的期望；夢想被糟蹋；留意居心不良的伙伴

權杖四

正位：紀念重要的里程碑；成就以及獲得的獎賞回報；最近家中的富裕和安寧；承諾

逆位：不確定性；延遲獎勵；推遲的慶祝活動或關係破裂

權杖五

正位：競爭與奮鬥；可能表示需要自己起來／頂住／抵抗；暗示只有克服障礙才能實現成長

逆位：無所作為；瑣事爭吵；內部衝突；可能是預防動盪的警告

權杖六

正位：好消息的預兆：勝利已經來臨，並帶來伴隨
成就而來的獎勵

逆位：恐懼；焦慮；背叛

權杖七

正位：在逆境中取得成功；暗示誰將擁有勝算

逆位：優柔寡斷；猶豫；焦慮；由於擔心而無法採
取行動

權杖八

正位：迅速；突如其來的進步；衝動做出決策；也
許一見鍾情

逆位：嫉妒；家庭爭吵；延遲；惰性

權杖九

正位：已經實現的目標；暫停，反思並從過度努力的壓力中恢復的時間；需要放下防禦與放鬆一下

逆位：逼近而來的屏障與障礙；也許是一種疾病

權杖十

正位：A型人格[16]；為目標而奮鬥；責任重擔

逆位：悲觀主義；欺騙性策略

---

[16] 醫學人格分類測試，分為A、B、C三型，其中A型人格有過度工作、習慣堅苦及難以放鬆等特質。

權杖隨從

從權杖隨從的背面可以看見他臉的輪廓，他穿著短毛邊斗篷，手持兩端均飾有華麗尖頂飾的權杖，在斗篷的條紋下方可見維斯康提紋章的燦爛太陽。

正位：值得信賴、忠誠的知己好友；充滿新意又熱情外向的人；一張浪漫和友誼的吉利好運卡

逆位：不值得信任的人；必須接受壞消息的人；優柔寡斷的天性

權杖騎士

權杖騎士的側面展示了他馬匹的鞍，馬鞍上有著紋飾盾牌和維斯康提紋章的燦爛太陽，當馬匹抬起後腳時，騎士顯然完全控制了他那精神振奮的馬。

正位：旅程或變更住所；熱情；冒險精神

逆位：摩擦；關係的紛擾或破裂

權杖皇后

權杖皇后以一種放鬆而隨性的姿勢坐在她的寶座上，她穿著輕柔飄逸又帶有帝國風格的外衣，袖子長而優雅，在她衣服前面的緊身胸衣之下，可以看見維斯康提紋章的燦爛太陽及鳥巢圖案。

正位：外向；愛；富有同情心；優雅；迷人；非判斷性的；對別人感興趣

逆位：善變；嫉妒；欺騙；不忠；頑固

權杖國王

權杖國王坐在六角形的寶座上，這表明他同時關注世俗和精神事務，他的雙腿在腳踝上交叉且面朝前，像權杖皇后一樣，他右手持有節杖（權威的象徵），左手握著王室權杖，而他的服裝同樣帶有維斯康提紋章的太陽光束及鳥巢圖案。

正位：自信；成熟；成功的；
　　　融合父愛的直接與樂
　　　觀，慷慨的本性

逆位：武斷的教條主義；不成
　　　熟；浮躁衝動

錢幣牌組

這組花色代表了實體世界中的物質享樂，維斯康提座右銘「有此權利」（拉丁文à bon droyt），再次顯現於卷軸上。這次出現在第二張到第五張牌卡上，並且在第三張和第五張牌卡中還出現了兩次，而錢幣自身的特徵也帶有維斯康提家族太陽圖案紋章。

錢幣一

正位： 一張充滿著新商機和追求新機遇的吉利好運卡；豐富；加薪；精神寶藏

逆位： 缺乏財富帶來的喜悅；未用資金；因資金短缺而延誤

錢幣二

正位： 建議做其他選擇，包含職業、工作機會、大學或人際關係；為了達到平衡而奮鬥

逆位： 應付義務或責任；太多的選擇不知所措；缺乏重點

錢幣三

正位：精通和完美；一張承諾自我改進項目和學習新事物（包括人生課題）的良好牌卡

逆位：浪費時間和精力；缺乏專業知識；粗俗；疏忽；平庸

錢幣四

正位：對金錢和風險承擔的保守態度；囤積與吝嗇；可能表示一種基於物質財富上的自我價值評估

逆位：大方；慷慨；自由

錢幣五

正位：財務困難和金錢壓力；以憐憫形式向其他較不富裕的人提供精神財富

逆位：即將到來的變化並帶來機遇、新的冒險、商業機會與重建

錢幣六

正位：根據周圍的牌含義大不相同；改變；財務穩定；善良仁慈；慷慨大方

逆位：破裂的關係；自私；入不敷出；缺乏儲蓄

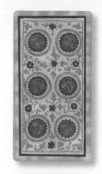

錢幣七

正位：足智多謀；明智的計劃；努力後的回報；穩定；深思

逆位：財務損失；焦慮；不穩定

錢幣八

正位：經驗豐富的工作者；堅定的承諾；手藝／技藝；工作和學習的意願與學徒期；因工作表現出眾而喜悅

逆位：微不足道的努力；缺乏紀律；高利貸；陰謀詭計

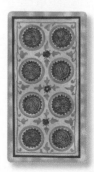

錢幣九

正位：自信；謹慎；安全；舒適；穩定

逆位：威脅和危險；不完全；懷孕流產

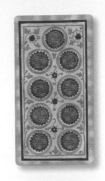

錢幣十

正位：國內／家庭繁榮；商業上的成功

逆位：有風險的企業／商業活動；壞機會

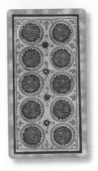

錢幣隨從

畫面中的錢幣隨從戴著一頂大羽毛帽子，面朝左方，他在胸前高舉著一枚大金幣，似乎正在檢查和欣賞它的美麗。而他斗篷上的圖案，與其他牌組中宮廷牌人物服裝的花樣相匹配。

正位： 學術性／博學的；深思熟慮；實際的；有深度專注的能力；強烈的好奇心和對知識的渴望；不怕面對逆境

逆位： 不成熟；缺乏承諾和後續行動；不切實際的；沒有健全的財務規劃能力

錢幣騎士

錢幣騎士是最原始的維斯康提-史佛薩牌組中，唯一缺少的宮廷牌卡。替代品是透過反轉聖杯騎士的圖案，以及用隔著藍絲帶交織的維斯康提太陽，取代斗篷上的聖杯圖案重新繪製而成。

正位：關於收入的好消息；成熟、負責、可靠且組織能力好的人

逆位：懶惰；缺乏動力；無動於衷

錢幣皇后

錢幣皇后面朝左（逆境的方向）自信地坐著，右膝蓋上放著一枚大金幣。她的禮服與其他宮廷牌卡上的服裝相似，都是藍絲帶纏繞著維斯康提太陽的設計。

正位：照顧好自己；確保富裕；快樂生活；高貴；慷慨；該卡也暗示信任自己的智慧，及運用自己的能力與知識收穫所尋求的好處

逆位：不信任；缺乏自我價值

錢幣國王

錢幣國王面朝前坐著，他的雙腿在腳踝處交叉，他的短袍上印有與其他宮廷牌卡上服裝相同的六邊形圖案，這些圖案交織著寶藍色絲帶和維斯康提太陽。錢幣國王的左手依靠著一枚大金幣，金幣上依然印有維斯康提太陽圖騰。

正位： 經驗豐富的領導者；明智的；實際的；保守；可能代表成功的專業人士或贏得了大量物質財富的商人

逆位： 一個風險承擔著想要錢但又不願意努力

CHAPTER 6

塔羅之旅

沒有內涵的思想是空洞的，
沒有概念的直觀是盲目的。
理解不能靠直覺，感官不會思考，
只有通過他們彼此融合，
知識才能誕生。

—伊曼努爾·康德

你將要開啟一段內在之旅，目的地是你更高的自我。你內在的分身，也稱為直覺，將引導你做出最明智的決定。閱讀塔羅牌最終目的是區分有意識的知識與無意識的直覺，明智地使用塔羅牌可以起到催化集體潛意識或世界靈魂的作用（世界靈魂是屬於我們所有人不可或缺的普遍知識庫）。想像一下你的塔羅牌是通往潛意識的門戶，而塔羅牌圖像則是開啟它們的鑰匙。

前頁：圖像來自維斯康提-史佛薩塔羅牌中的戰車牌。

多年來，塔羅牌有時被用於算命，但由於未來無法被精準預測，因此閱讀塔羅牌更好的目地是利用你內在智慧來幫助你運用自己的天賦和做出選擇。一個人對塔羅牌的反應相當個人，與牌卡建立關係需要耐心，隨著圖像逐漸烙印在你心中，你會發現你將更加了解它們的意義。

以下這些有用的提示幫助你加快進入塔羅之旅。首先，讓你自己熟悉牌卡上的圖像及象徵意義。請記住，每張大牌都蘊含多種層次上的含義，你在它們身上花費越多時間，它們的微妙之處就越明顯。當你凝視牌卡，你會發現它們誘導出你直觀反應。這時可能你手邊會需要一本筆記本，好快速記下當下發生的感受。

一種令自己熟悉牌卡的有趣方法是讓它們發揮創意，嘗試將每張大牌想像成你認識的人，快速記下你選擇他們的理由。另一個方法是把宮廷牌和大牌分成兩堆，分別代表你在聚會上想遇見與想避免的人，一樣快速記下原因。你還可以選擇一張最接近你性格或最相關特定情況的牌卡，並寫出你被該牌卡吸引的理由。

可視化練習是運用牌卡力量來幫助你進行決策的絕佳方法。也許你感到肩負重任，可以先列出所有你想去的地方和要做的事，在進行一個提問之前花點時間確認，找一個平靜安寧之處，嘗試阻隔掉所有精神與視覺干擾。然後從一套牌卡中挑出隱者牌（正位），研讀牌卡並集中於老人形象，專注凝視在沙漏的圖像上。這樣有幫助你找到屬於自己的視角嗎？

塔羅牌洗牌沒有特定方法，你可以像日常打撲克牌一樣洗牌。不過既然塔羅牌比撲克牌大，你可能想將它們面朝下分散放在桌上洗直到被均勻混合為止。當你成為一個經驗豐富的塔羅牌解讀者，就不用擔心自己顛倒了牌卡意義。除了直立牌卡還有其他各種排列組合方式，令塔羅牌充滿了更多解釋意義。

在開始解牌之前，重要的是要弄清楚問題的目的。它越具體越好，避免只需要答案是或否的問題。「關於這段感情我需要知道什麼？」這樣的問法比「我的伴侶將會和我分手嗎？」來得更好，「我應該怎麼做才能提高升職的機會？」同樣比「我會加薪嗎？」更合適，「我需要做什麼去改善我的生活方式？」這個問題肯定比「我會變瘦嗎？」更能幫助問卜者。

目前為止，我們一直在討論塔羅牌作為自我探索和個人成長的工具，因為這本書只不過是塔羅牌的入門介紹，最好還是專注於自己充分熟悉牌卡及其像徵意義。接下來的章節包含幾種久經考驗的方法，能更好的幫助你在占卜時進行牌陣的佈局。請記住，解讀所有牌卡及其順序仍然取決於個人詮釋，解讀上沒有絕對的正確或錯誤。專業塔羅牌占卜師遇到相同牌陣和相同牌卡時甚至解讀也會有所不同，重要的是，牌卡如何與你個人產生共鳴，你的解讀將完全仰賴於你自己的特殊經歷、性格、信念和渴望。

三角牌陣

三角牌陣對於剛入門的解讀者而言最為簡單。在此框架內，你有機會事先選擇你想要如何解讀這張牌卡。發問者洗牌，然後 從左到右排列發出三張牌，下列選項為幾種重點解讀參考：

- 過去、現在、未來
- 狀況、態度、重點
- 環境、現況、障礙
- 身、心、靈
- 停止、開始、繼續
- 你、我、我們

以下是一個解讀三角牌陣的基本範例，專注於第二個選項：狀況、態度、重點。

事件：凱文擔心會失業，因為辦公室裡的幾位同事最近被解雇了，他感到壓力重重，因為他熱愛自己的工作，並且為了升遷他一直在加班。

他的提問：關於我目前的工作狀況，我需要知道些什麼？

牌卡1，狀況：凱文翻開「高塔」這張牌，確定在他工作場合中他的評估有些動盪。

牌卡2，態度：凱文的牌卡出現「愚者」，暗示他感到自身的不確定，並且擔心這些變化。

牌卡3，重點：凱文在這裡出現的牌是「正義」，象徵著平衡和安寧，對凱文來說這張牌卡意味著他應該盡量不要讓自己的情緒超越判斷力。

結論：凱文決定放下對未知變化的恐懼，他將繼續完成當下工作，但也開始於網路上投遞他最新履歷，通過採取積極的步驟來確保他握有更多選擇權，這讓凱文對未來有更樂觀的想像。

這是另一個解讀三角牌陣的範例，專注於「你、我、我們」這些選項上。

事件：高中美術老師艾倫，儘管她相當熱愛自己的工作，但一直覺得自己過於刻板乏味，墨守成規。

她的提問：關於如何與學生建立聯繫，我需要了解什麼？

牌卡1，你：艾倫翻開「吊人」這張牌，她理解這牌意味著她的學生們處於一種假死狀態，對例行學習感到厭倦，並且無法投入到她的教學方法裡。

牌卡2，我：艾倫的牌卡出現「魔術師」，暗示她應該在課程計劃中加點讓人興奮的元素，嘗試從未做過的事在課堂上創造一點「魔力」。

牌卡3，我們：關於「節制」這張牌卡，指出她和她學生之間的關係需要平衡。

結論：艾倫決定將以全新方式使她的工作更具有創造力，她仍會維持應有的教學技巧，確保學生們能理解課程基礎，但她會抑制自己拼命修正作品的衝動，轉而鼓勵他們改變規則盡情發揮創造力。節制這張牌啟發了艾倫，鼓勵她在課堂中呈現健康的平衡狀態，並希望在她和學生們之間建立更幸福的關係。

1

2 3 4

5

五張牌陣

這是決策如何採取行動方針的另一個有效牌陣。它適合在問卜者想專注於某一方面的決定時，能從幾種可能性中進行選擇。

牌卡1，現在／一般主題：處理當下情況並解讀一般主題

牌卡2，過去的影響：處理過去持續產生影響的一些力量

牌卡3，未來：表明問卜者的未來目標

牌卡4，原因：揭示隱藏的衝動，可能是問卜者實現目標的障礙

牌卡5，潛在可能：指出問卜者採取行動後的潛在結果

五張牌陣解讀

範例事件：埃里克一直和一位他認定的真命真女約會。最近他有種不對勁的感覺，儘管他想重新點燃那些曾經吸引彼此的火花，感情卻早已冷卻，她似乎不願意再為這段關係努力，埃里克懷疑她可能對其他人感興趣。

他的提問：關於目前的戀愛關係我需要了解些什麼？

牌卡1，現在／一般主題：「戰車」這張牌卡在這位置出現，很符合埃里克當前情況，這說明他正被拉往兩個不同方向，他的心催促著他與曾經愛過的女人在一起，而他的理智卻告訴他這段關係已經破裂。

牌卡2，過去的影響：在這裡「聖杯八」指出埃里克意識到這段感情有問題已經有段時間，而且他逐漸認知到這狀態也發展好一會了，他正在考慮接受現實。

牌卡3，未來：「權杖四」出現在這位置，展現埃里克渴望與一個女人有著浪漫又平靜的關係，而她也有著同樣願望。

牌卡4，原因：「聖杯六」的出現，這表明埃里克正固守過去，渴望一種無法實現的狀態。

牌卡5，潛在可能：最後的牌卡「權杖皇后」揭露如果埃里克對他目前停滯不前的戀情放手，將會有個新的充滿愛心和同情心的女人走進他的生活。

結論：埃里克決定給這個女人一些空間，他將把時間花在追求自己的興趣，和老朋友敘舊，並制定與她無關的計劃。如果這段冷靜期意味著雙方關係的結束，他也會接受這個事實，放手且繼續前進。

十字牌陣

十字牌陣也稱為塞爾特十字牌陣，起源於1800年代後期，因為它比其他牌陣複雜，最好等到你已經熟悉了簡單的牌陣以後，再開始解讀十字牌陣。

牌卡1，現在：涉及問卜者的當前位置／角色，或展現問卜者資訊，包含最近生活與工作狀態

牌卡2，對立的力量：在第一張牌卡上橫放第二張牌，表示挑戰或障礙

牌卡3，目標：揭示問卜者的潛意識想法。直接放在問卜者上方，表示問卜者的目的與意圖

牌卡4，過去：描述哪些事物和力量，影響或塑造了問卜者

牌卡5，近期的過往：指出最近事件，可能有助於解釋當前情況

牌卡6，未來：展現擺在眼前的影響範圍

牌卡7，建議：給困擾的問卜者指一條明路，來應付當前的恐懼或擔憂

牌卡8，外部因素：表示其他人如何看待問卜者

牌卡9，內部因素：關注問卜者的情緒狀態，例如希望，恐懼，擔憂和可能的隱藏動機

牌卡10，結果：將其他牌卡的含義編織在一起來提出結論；如果結果不利，問卜者可以通過解讀中所獲得的智慧來改變它

十字牌陣解讀範例

事件：伊麗莎白在另一個城市獲得了薪水更高的工作，但她需要搬家。

她的提問：我需要知道些什麼，才能做出正確決定？

牌卡1，現在：「權杖騎士」出現在這個位置，與伊麗莎白當前情況相吻合，這張卡片表明她已準備好踏入一段未知的旅程。

牌卡2，對立的力量：在這裡「錢幣國王」代表金錢和責任，在這個職位上牌卡告訴伊麗莎白，如果接受新工作除了豐厚收入外，她還將承擔更多責任。

牌卡3，目標：「錢幣皇后」揭示了伊麗莎白潛意識對奢侈品和財富的渴望。

牌卡4，過去：在這個職位上，「聖杯皇后」表示，伊麗莎白過去一直忠誠地堅守在自己崗位上，將工作最大利益都擺在自己所需所想之前。

牌卡5，近期的過往：「寶劍三」提到伊麗莎白拒絕了過往一些能促進她職業發展的工作機會，也從而推遲了自己的夢想。

牌卡6，未來：這裡出現「寶劍二」指出伊麗莎白將會在生活中取得更大的平衡。

牌卡7，建議：「月亮」牌卡揭露如果伊麗莎白願意讓她的潛意識浮現，它們將向她展示該如何勇往直前。

牌卡8，外部因素：「聖杯國王」牌卡表示伊麗莎白被視為是一個善良且可信賴的人。

牌卡9，內部因素：這裡出現「寶劍一」揭示了伊麗莎白一直隱藏她對權力和成功的恐懼。

牌卡10，結果：「權杖國王」是一張與商業和企業相關的吉利牌卡，表示伊麗莎白的領導力和決策力後將主導之後的結果。

結論：如果伊麗莎白留意牌卡中顯示的智慧，她將從解讀裡發現真相。她會對自身領導力再自信些，並透過接受更嚴格的要求，從而願意發展自己的事業，或者將確定即使她不承認也不表達的財富渴望。在時間和責任上做出犧牲顯然不值得，鑑於現在的她對自己的內在追求和可能性已有了更清晰的理解。無論她做出何種決定，她都將產生嶄新的自信和成熟度。

致謝

我要感謝曼哈頓塔羅學校的沃爾德·安伯斯通（Wald Amberstone），建議我聯繫羅伯特·M·帕里斯尋求有關這個項目的幫助和建議。迄今為止，羅伯特·M·帕里斯是塔羅牌領域中最博學多才的專家，他也是國際知名的藝術家、作家和歷史學家。他實在是太親切了，願意檢閱我的大綱和草稿。在這次研究中我也非常仰賴羅伯特的書，尤其是《愚人之旅》和《塔羅牌：歷史，象徵主義和占卜》這兩本，我還要感謝琳達·法爾肯在編輯草稿方面的幫助。

——瑪麗·帕卡德

延伸閱讀

《煉金術和塔羅牌：從煉金術塔羅牌檢視其歷史淵源》（Alchemy and the Tarot: An Examination of the Historic Connection with a Guide to The Alchemical Tarot），羅伯特·M·帕里斯，愛馬仕出版社（Hermes），2012年

《塔羅牌逆轉全書》（The Complete Book of Tarot Reversals），瑪麗K·格里爾（Mary K. Greer），利韋林出版社（Llewellyn），2002年

《愚人之旅：塔羅牌的歷史、藝術和象徵意義》（The Fool's Journey: The History, Art, & Symbolism of the Tarot），羅伯特·M·帕里斯，塔拉里烏斯出版社（Talarius），2010年

《78度的智慧》（Seventy-Eight Degrees of Wisdom: A Book of Tarot），瑞秋·波拉克，台灣商周出版，2010年

《塔羅牌的歷史、象徵主義和占卜》（Divination），羅伯特·M·帕里斯，塔歇爾（Tarcher），2005年

《塔羅經文：新手指南》（The Tarot Revealed: A Beginner's Guide），保羅·芬頓·史密斯（Paul Fenton-Smith），艾倫與安文（Allen & Unwin），2010年

圖片來源